KATSUSHIKA HOKUSAI

MAX BECKMANN

RENÉ MAGRITTE

EDWARD HOPPER

PABLO PICASSO

PAUL GAUGUIN

SALVADOR DALÍ

GEORGES BRAQUE

WASSILY KANDINSKY

VINCENT VAN GOGH

RENÉ MAGRITTE

HENRY MOORE

MARC CHAGALL

Thé Tjong-Khing, 1933 in Indonesien geboren,
begann sein Kunststudium an der Zeichenakademie Bandung
und führte es 1956 an der Kunstgewerbeschule Amsterdam fort.
Seit den 1960er Jahren illustriert er Kinderbücher.
Die Geschichten um *Fuchs und Hase*, die in den Niederlanden mit dem Goldenen Pinsel
ausgezeichnet wurden, zählen dort zu seinen bekanntesten Werken.
2010 wurde er mit dem Max-Velthuijs-Preis für sein Lebenswerk ausgezeichnet.

Im Moritz Verlag liegen von Thé Tjong-Khing
außerdem vor:

Die Torte ist weg!
- ausgezeichnet mit dem Silbernen Pinsel und
nominiert für den Deutschen Jugendliteraturpreis -
Picknick mit Torte
Geburtstag mit Torte
Torte für alle!
sowie das Bilderbuch
Henry bei den Dinosauriern

Mit einem Dankeschön an Christiaan, Fjodor, Louis und Birgit

4. Auflage, 2025

Kantstr. 12, 60316 Frankfurt am Main
info@moritzverlag.de

Die niederländische Ausgabe erschien 2015 unter dem Titel
Kunst met taart bei Uitgeverij Lannoo, Tielt

Druck: Delabie, Moeskroen
Printed in Belgium
ISBN 978 3 89565 333 9
www.moritzverlag.de

Thé Tjong-Khing

Kunst mit Torte

Moritz Verlag
Frankfurt am Main

ZZZZZZZZ
CHAGALL
GEHRY
PICASSO

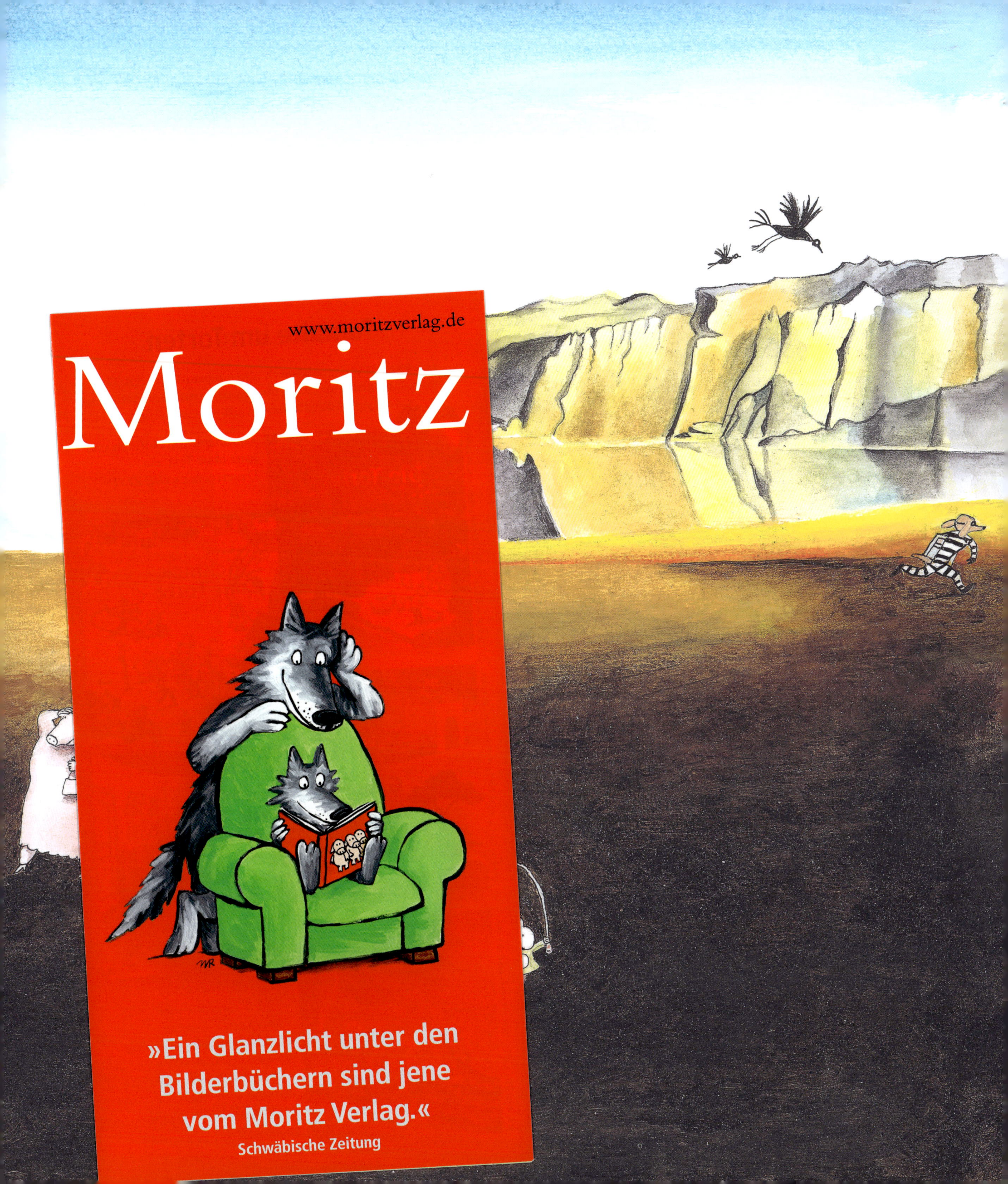
www.moritzverlag.de
Moritz
»Ein Glanzlicht unter den Bilderbüchern sind jene vom Moritz Verlag.«
Schwäbische Zeitung

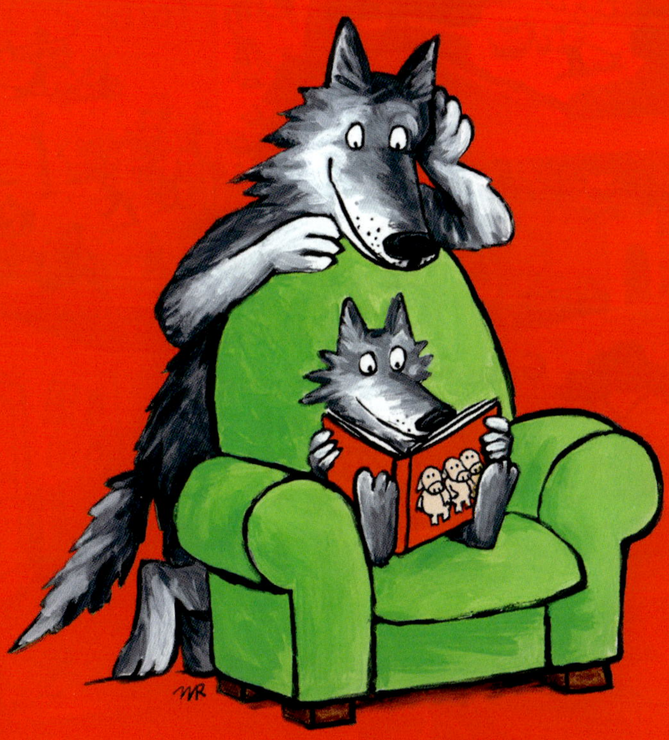

CHAGALL
VAN GOGH
GEHRY
PICASSO

VAN GOGH
K.HARING
DALÍ
KANDINSKY
RODIN
HENRY MOORE

FRAU HUND

PIET MONDRIAN

KEITH HARING

CO WESTERIK

KASIMIR MALEWITSCH

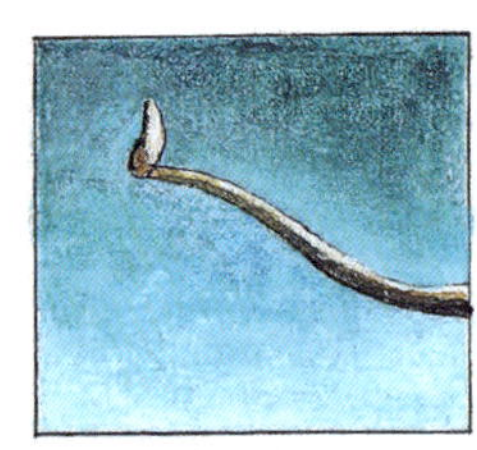
HENRI ROUSSEAU

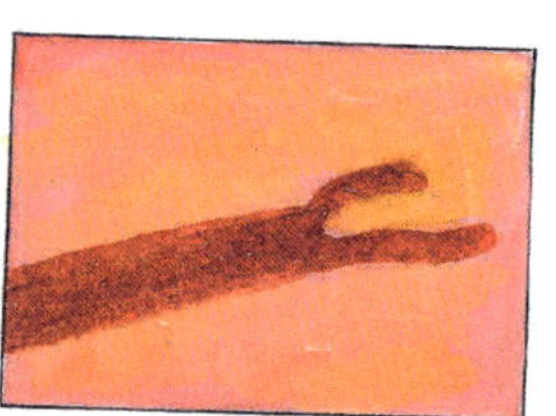
DAVID HOCKNEY

LEONARDO DA VINCI

AUGUSTE RODIN

HENRI MATISSE

HENRI DE TOULOUSE-LAUTREC

SALVADOR DALÍ

ERNST LUDWIG KIRCHNER

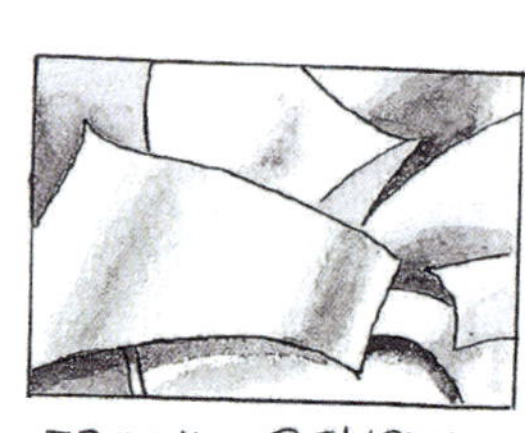
FRANK GEHRY

CLAES OLDENBURG